COSWORTH PUBLISHING
L.A. CA

El libro libro

Dentro de la historia interna

Jimmy Huston

Cosworth Publishing
21545 Yucatan Avenue
Woodland Hills CA 91364
www.cosworthpublishing.com

Para más información sobre este consentimiento,
escríbanos a *office@cosworthpublishing.com*.

Esto es lo que llamamos "prefacio," como toda la jerga legal de la página opuesta.

También es donde normalmente te saltas el prefacio (sea lo que sea), o el preludio, la prolusión, el prolegómeno, el prólogo o el proemio. A los autores les encanta presumir. ¿Por qué no pueden llamarlo simplemente "introducción?"

Y aquí es donde apenas echas un vistazo a la dedicatoria, que tanto significaba para el autor y su madre, etc.

Dedicatoria

Para todos los encantadores bibliotecarios—
especialmente Verónica.

Tenemos que hablar.

No me malinterpretes. A los libros nos encantan nuestros lectores.

Pero hay algunas cosas sobre los libros que deberías saber. Así nos llevaremos mejor.

Sí, puedo verlos.

Tienes ojos. Los libros tienen "yo."

Podemos sentir cómo tus ojos recorren nuestras páginas,
letra a letra. Nos hace cosquillas, pero no de una forma
divertida.

Te observo mientras hojeas las estanterías de las tiendas y bibliotecas.

Te veo recogerme y estudiar mi contraportada, como si fuera la parte más significativa. Bien hecho.

3

Estaba durmiendo plácidamente cuando me abriste, a pesar de mi rígida encuadernación, y pasaste mis páginas como si hubiera una animación escondida allí.

Echas un vistazo al índice como si ahí estuviera lo interesante.

Sé que también te saltas siempre las notas al pie.

¿El final?

Algunos tienen tanta prisa que van directamente al final del libro para ver cuántas páginas te quedan por leer.

Otros no lo hacen. Bien por ustedes.

Y los peores leen el final enseguida—nada más empezar—desperdiciando todo el trabajo del autor en la construcción minuciosa del clímax y el desenlace.

No nos gusta eso.

¿No entienden que nuestras páginas están en un orden concreto por una buena razón? Los estamos llevando de viaje.

Los autores trabajan muy duro para contar una historia correctamente, desde el principio hasta un final satisfactorio.

Nuestras páginas están pegadas en su sitio para antenerlas en orden—por respeto a la historia en sí.

¿Ves las películas al revés?

Pasamos horas y horas contigo, acariciados con cariño mientras hojeas cada página—una por una.

Y luego, cuando terminas, nos vuelves a poner en la estantería. Por lo general, nunca vuelves a abrirnos.

Lo que probablemente no sabes es que nos sentimos aliviados. Podemos dormir un poco—hasta que llegue el próximo lector.

A menudo, cuando nos despiertan, es en un lugar nuevo.

Quizás estemos en tu casa—gran cosa—o en tu dormitorio, pero es igual de probable que estemos en alguna estúpida aula.

A veces nos llevas a lugares interesantes. Como un lago o la playa. Eso nos gusta.

Y a veces *te* transportamos. A una tierra lejana que podría
ser real o imaginaria.

Estamos aquí para ayudar.

Quizás necesites construir algo.
Quizás estés buscando una buena historia.
Quizás necesites indicaciones para un viaje.
Quizás quieras reírte a carcajadas—o pasar un buen susto.
Quizás no te sientes bien y quieres saber qué hacer.
Quizás solo necesitas una receta.

Nuestras historias son infinitas.
Guardamos los secretos del universo.
Tenemos las respuestas, o al menos las pistas, a todas las
preguntas imaginables, incluso a las contradictorias.
Cubrimos todo tipo de temas—filosofía, religión, fantasía e
incluso matemáticas.
Y recetas.

Todos los libros se escribieron en el pasado.

Básicamente, somos comunicaciones unidireccionales con la historia. No siempre se trata de historia importante, pero, no obstante, documentamos pensamientos concretos en un momento dado. Quizás la semana pasada.

Algunas comunicaciones son recientes, pero otras se remontan a la antigüedad y, en muchos casos, trataban algunas de las mismas preguntas y cuestiones con las que la gente lucha hoy en día.

Y Puedes aprender directamente de Platón. Deja que Julio César te cuente su guerra. Ríete con la comedia de Voltaire.

Algunas de las historias escritas hace siglos siguen siendo populares, al menos entre los profesores. Los estudiantes pueden leerlas y formarse su propia opinión.

Por lo general, la gente escribe por dos razones básicas.

1. A veces solo quieren recordar algo—un número de teléfono, una idea o un pensamiento importante. Si tienen suficientes pensamientos, pueden utilizarlos para crear un libro.

2. Las personas también escriben cosas porque quieren compartirlas. Los libros son los pensamientos de otras personas, y esos pensamientos avanzan hacia el futuro.

No ficción.

Hechos. Verdad. Instrucciones. Biografías. Astronomía. Realidad. *Todo.*

Pasado, presente, futuro—como era, como es, como debería ser.

Es bueno aprender sobre el mundo. Así es como las cosas mejor. O, a veces, peor. Pero puede ser interesante.

Dinosaurios, sí. Dragones, no. ¿Por qué? Léenos. Te diremos cómo es realmente. De verdad.

Cómo es.

Ficción.

Mentiras. Pero grandes mentiras. Mentiras bien contadas, bellamente construidas. Instrucciones. Biografías. Astronomía. Realidad. *Todo.*

Pasado, presente, futuro—como debería haber sido, es, debería ser.

No te limites al mundo tal y como es. Podría ser mejor. Podría ser peor. En cualquier caso, es más interesante.

Dragones, sí. Dinosaurios, tal vez. Todo es posible. Los dinosaurios podrían incluso hablar.

No lo que es. Lo que *podría* ser.

La historia es aventura.

No es de extrañar que el mundo haya proporcionado muchas historias interesantes. Algunas son ciertas. Otras no. Algunas son ambas cosas. A esas se las llama "ficción histórica."

Los libros contienen historias sobre grandes acontecimientos que cambian el mundo. Exploraciones. Revoluciones. Guerras. Inventos. Y mucho más.

Eso es la historia.

¿Cómo hemos llegado hasta aquí? Cada mirada al pasado explica muchas cosas.

Las cosas sucedieron gracias a ciertas personas. Esas personas ahora están en libros que explican muchas cosas.

¡Y hay libros que contienen secretos reales! ¿Secretos? ¿Publicados? Sí, eso es historia.

(Y no podemos revelar secretos—a menos que alguien nos lea.)

Algunas cosas no son reales.

Eso da lugar a grandes historias, porque a veces la verdad no es suficiente.

La vida real no siempre está a la altura de la imaginación.

Estamos donde la fantasía es real. Te traemos hadas, elfos, dragones y mucho más. Magos y brujas. Y alfombras voladoras y animales que hablan.

Hay gigantes y también cazadores de gigantes. Duendes, hobbits y orcos.

Sea cual sea tu edad, hay una historia perfecta para que puedas creer.

Probablemente haya uno o dos villanos para crear conflicto. Quizás incluso un demonio. O un lobo feroz.

Podría haber aliados por delante. Compañeros que te hagan reír. Misterios y acertijos que resolver. Quizás un indicio de una historia de amor.

Podría haber un tesoro enterrado, una persecución cósmica o una espada mágica. Di cuál es tu fantasía. Tenemos un libro para ti.

Algunos libros son revolucionarios.

Literalmente. Contienen ideas tan poderosas que provocan revoluciones. Sin duda, pueden cambiar el mundo.

Algunas son buenas ideas. Los libros contribuyeron a las ideas que dieron lugar a revoluciones en toda América.

También impulsamos cosas como la Revolución Industrial o la Revolución Tecnológica. Incluso hubo una Revolución Culinaria—gracias a los libros de cocina, por supuesto.

Algunas son más dudosas. Usa tu mejor criterio sobre las revoluciones.

La ciencia ficción crea el futuro.

Los libros no se escriben en el futuro (todavía), pero sin duda cambiamos el futuro. Somos las notas que dejamos a las personas que vendrán.

La ciencia ficción a menudo se hace realidad. ¿Eso la convierte en profecía, predicción, iluminación o causalidad? Nunca es solo entretenimiento.

Recuerda que hay "ciencia" en la ciencia ficción. Se presagian inventos. Y también el comportamiento humano.

Cada acto en el presente afecta al futuro. Así que sé reflexivo.

Las historias de amor.

Dan esperanza a todo el mundo, presentando ejemplos de felicidad. ¿Hay algo mejor?

Empieza en los cuentos de hadas, con príncipes y princesas. Luego están los romances adolescentes. El amor juvenil y los matrimonios son los siguientes pasos, pero incluso las ancianas nunca son demasiado mayores para las historias de amor.

Siempre hay felicidad en las historias de amor, normalmente al final.

Los misterios no son solo "quién lo hizo."

No todos implican un asesinato, pero si lo hay, todo el mundo quiere saber quién lo cometió.

Las mejores novelas de misterio son rompecabezas elaborados, una competición de ingenio entre el lector y el libro. (O el autor.)

Tenemos misterios para todos los gustos, desde Sherlock Holmes hasta Freddy, el cerdo que habla.

También hay misterios de la vida real, desde los ovnis hasta el Triángulo de las Bermudas o los orígenes de Stonehenge. ¿Quién construyó las pirámides? ¿Quién mató a Kennedy? ¿Cuál es la cura para el resfriado común?

Las biografías son historias sobre personas.

Son historias reales que suelen comenzar con un bebé y terminar con algún tipo de éxito rotundo.

Sea quien sea tu héroe, alguien ha escrito un libro sobre él y puedes aprender muchas cosas interesantes de él.

A veces, los héroes escriben sus propias historias. Estas autobiografías permiten a los lectores hacerse una idea de cómo era realmente esa persona.

Las biografías son libros llenos de personas—personas reales que hicieron algo importante.

Algunos libros son divertidos.

Nos encanta hacer reír a la gente, pero lo que le parece divertido a un lector no siempre lo es para otro.

No te enfades. Simplemente sigue adelante. Hay muchos tipos de humor. Tenemos sátira, slapstick, humor tonto, humor obsceno y mucho más. ¡Ríete a carcajadas!

A los libros también les encanta reírse (siempre que no haya nadie cerca para oírnos).

Algunos definitivamente no son divertidos.

Parece extraño, pero a algunos lectores les gusta que los asusten o los aterroricen—que los dejen paralizados por el miedo. Incluso aterrorizados. Tenemos lo necesario para hacerlo. Tenemos fantasmas, zombis, monstruos y vecinos aterradores. Elige tu veneno.

¿Qué asusta a los libros? Que nos dejen al sol. La luz hace que empecemos a desvanecernos. Es un proceso lento y agonizante, y se ve agravado por el ácido incrustado en nuestras páginas. Sí, todos vamos a morir también. Y luego están el polvo y los ácaros. ¡Ay!

31

Los libros infantiles son especiales.

Son la narración pura en su máxima expresión. Las historias creativas llenan las mentes jóvenes de una maravilla que puede durar para siempre.

Érase una vez, repetido una y otra vez, da comienzo a muchos cuentos, todos con diferentes desarrollos y diferentes finales.

No solo tenemos historias fantásticas e imaginativas—sino
que también enseñamos.

No solo lecciones, sino información excelente que se
convierte en un conocimiento más amplio que conduce a un
mejor comportamiento, a la invención y a la creatividad.

Los libros de referencia te permiten buscar información.

No suelen ser muy emocionantes, pero están llenos de cosas interesantes.

Enciclopedias, atlas, publicaciones periódicas, diccionarios, catálogos, almanaques, directorios e incluso libros de instrucciones.

A menudo, la forma más rápida de encontrar un dato concreto es a través de un libro de referencia. ¿Necesitas un nombre? ¿O una ubicación? ¿O una traducción? ¿O simplemente una rima concreta?

Cuando tengas muchas preguntas y necesites mucha información, estamos aquí para ayudarte.

Tómese su tiempo.

No nos importan los lectores lentos. No nos importa si eres disléxico o si lees en un segundo idioma. Solo sigue leyendo.

Es cierto que a los libros no les gustan especialmente los lectores rápidos—que confunden innecesariamente frases distintas y bellamente construidas en un solo pensamiento inconexo tras otro. Hay cosas que están destinadas a ser saboreadas.

Una vez más, no te apresures. Tómate tu tiempo.

También hay audiolibros.

¿Prefieres los audiolibros? No pasa nada. ¿Estás tan ocupado?

Quizás estés haciendo otra cosa, pero necesitas algo que te entretenga o te eduque. Así que te conectas.

No podrás ver las ilustraciones que ofrece el libro, pero no pasa nada. Oirás voces.

Quizás quieras escuchar un libro con un amigo o varios amigos. O en un club de lectura. Bien por ti.

Quizás simplemente te gusten las interpretaciones.

A veces, el autor te leerá el libro, tal y como debe leerse.

No hay nada mejor que eso.

Los libros electrónicos están aquí— en todas partes.

Bueno, son mejores que la televisión.

Los libros electrónicos también son libros, sin duda. Tienen las mismas palabras, la misma información y las mismas grandes historias. Son de los mismos autores.

Por suerte para nosotros, los libros "antiguos," los libros electrónicos no son para todo el mundo.

A algunos lectores les gusta *sentir* las páginas al pasarlas. Son táctiles.

Y a nosotros también nos gusta. Tócanos. Escucha el susurro del papel al flexionarse y volver a su sitio, sin necesidad de pilas.

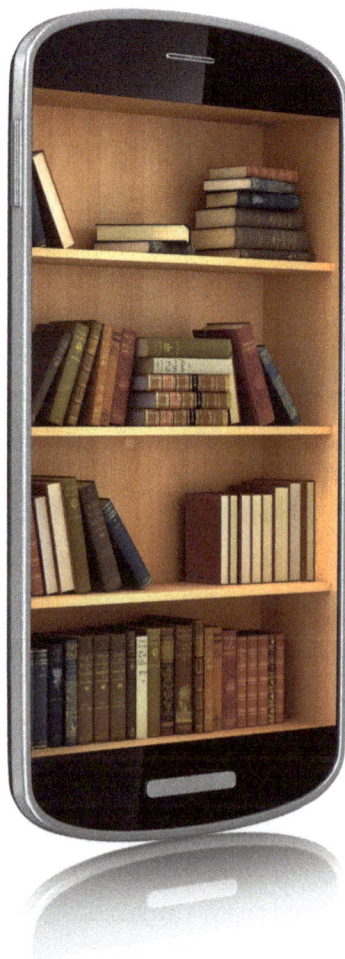

Sí, podemos verte leyendo en línea en pijama, pero no pasa nada. (Seamos sinceros—sabemos que no estás en una biblioteca).

Leer es leer. Sigue así.

Sin embargo, no todo es perfecto. No puedes poner los libros electrónicos en una estantería para presumir de tu historial de lectura.

Los libros electrónicos desaparecen de alguna manera cuando no los estás leyendo. Pero la buena noticia es que caben en tu bolsillo. Lleva tantos como quieras, vayas donde vayas.

En definitiva, los libros electrónicos son estupendos.

Pero no los leas en la ducha.

Etcétera, etcétera, etcétera...

Hay gente que dice que se ha devorado un buen libro. No lo hagas. Solo léenos.

Pero no nos manches. Ni con café, ni con refrescos, ni siquiera con agua. Y tampoco con migas, por favor.

Y no nos dejen en el autobús. Ni en un banco del parque. Ni en la mesa de una cafetería.

Por favor, no doble nuestras páginas ni las arrugue. Simplemente use un marcador. No tiene por qué ser un marcador elegante. Puede usar cualquier trozo de papel. Incluso uno muy pequeño.

Y, por favor, no escribas en nuestras páginas. Eso incluye los rotuladores fluorescentes.

Incluso tus notas más perspicaces deben ir en otro sitio—un cuaderno, un bloc de notas o tu ordenador portátil. Tus notas o marcas distraen a los lectores (incluido tú mismo).

Por favor, no aplastes flores o mariposas entre nuestras páginas para alisarlas y exhibirlas. (A ellas tampoco les gusta).

A veces la gente nos utiliza para cosas que no debemos.

Los libros no son almohadas.

No estamos hechos para que te sientes encima. Tampoco apiles cosas sobre nosotros.

No nos dobles hacia atrás hasta que las cubiertas se unan.

Por favor, no nos cierres de golpe. Nos duele. Además, no nos uses como matamoscas. Eso es aún peor.

Y no nos apiles para alcanzar algo que está alto.

¿Demasiados libros?

¿Qué pasa cuando los libros ya no son queridos?

No nos tires. Pásales tus libros a un amigo al que le guste leer. Los libros no son "viejos" para alguien que no los ha leído.

Quizás puedas encontrar una pequeña biblioteca que nos dé un hogar útil. O incluso una escuela.

Hay otros lugares en los que podrías pensar, como un hospital o un refugio para personas sin hogar. Sé creativo.

LIBRO PARA COLOREAR

Los libros para colorear también cuentan.

(Excepto para los informes de lectura.)

Hay muchas imágenes para que termines de colorear y también algunas palabras para leer.

Así que, manos a la obra.

¡A todo el mundo le encantan los cómics!

Excepto a la mayoría de los padres. Pero se equivocan. Lee más.

Conclusión.

También conocido como epílogo, colofón, cierre, epílogo o posdata. Todas son formas diferentes de decir que hemos terminado.

Un "apéndice" es algo nuevo que se añade más tarde.

El "glosario" explica las palabras mucho después de haberlas leído.

Un "índice" es como una "tabla de contenido" al final.

Si el "apéndice" fuera necesario, no lo llamaríamos así.

Así que se acabó.

Deja de leerme.

Sal a jugar.

Piensa.

Usa tu imaginación.

Entonces, algún día, tal vez tú mismo escribas un libro.

La buena noticia es que siempre hay otro libro. Nunca es...

...EL FIN

Acerca del autor

Jimmy Huston es originario de Athens, Georgia, y vive en Woodland Hills, California, con su esposa y su perro.

Guionista y cineasta ocasional, al igual que gran parte de su obra, se le puede describir como indescriptible.

Asistió ocasionalmente a la Universidad de Georgia e, inexplicablemente, se especializó en arte, lo que le ha servido de poco en su escritura o en cualquier otra cosa.

Por lo tanto, es obvio que no ha ganado absolutamente ningún premio literario. Como es comprensible, ha recibido muy pocas críticas, incluso de su familia. Eso lo coloca en el último lugar de muchas, muchas listas de best sellers, donde pertenece.

Su esposa y sus dos hijas son escritoras, por lo que él solo intenta ponerse a su altura. Su perro aún no ha publicado nada, pero tiene un agente literario con grandes expectativas.

Mas libros de Jimmy Huston
www.cosworthpublishing.com

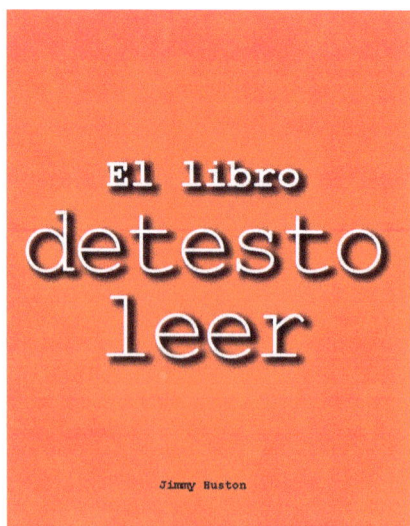

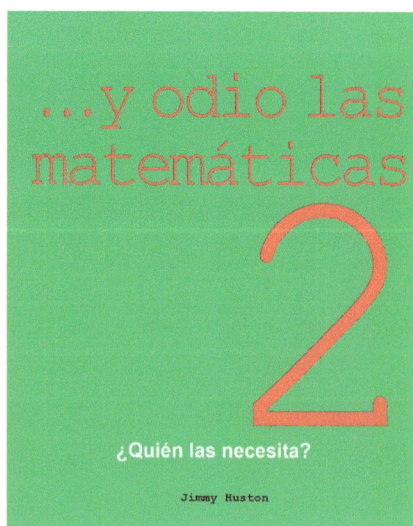

El libro
detesto leer
Jimmy Huston

...y odio las matemáticas
2
¿Quién las necesita?
Jimmy Huston

Otros libros infantiles raros de Jimmy Huston
www.byjimmyhuston.com

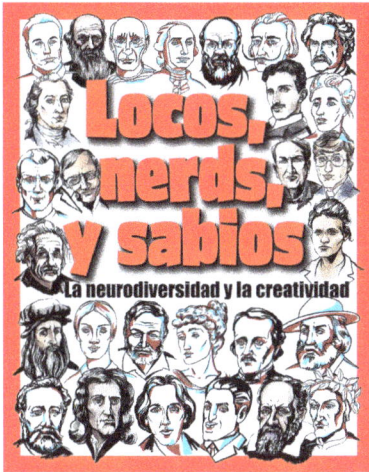

Locos, nerds, y sabios
La neurodiversidad y la creatividad

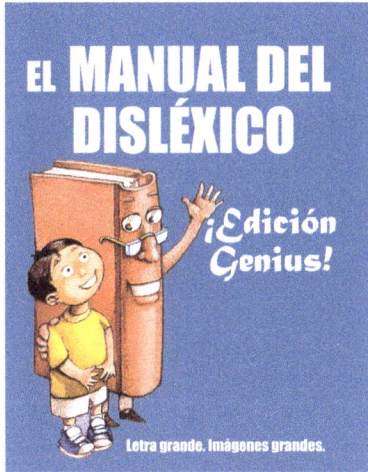

EL MANUAL DEL DISLÉXICO
¡Edición Genius!
Letra grande. Imágenes grandes.

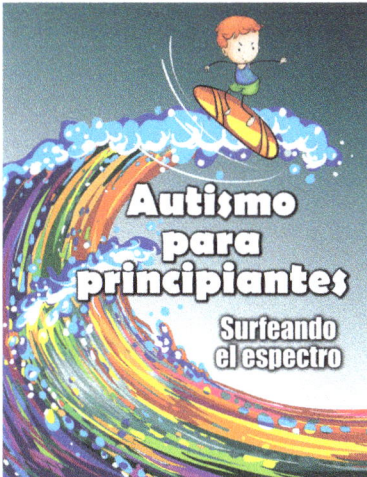

Autismo para principiantes
Surfeando el espectro

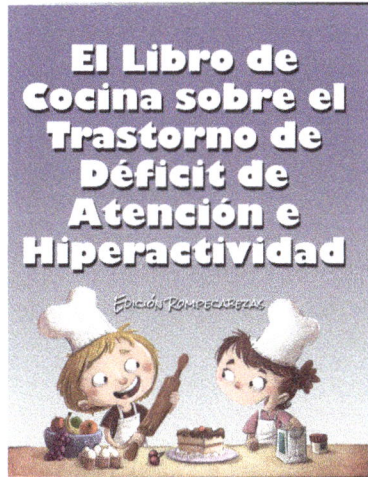

El Libro de Cocina sobre el Trastorno de Déficit de Atención e Hiperactividad
EDICIÓN ROMPECABEZAS

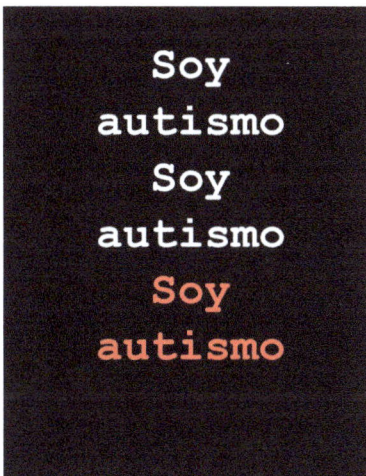

Soy autismo
Soy autismo
Soy autismo

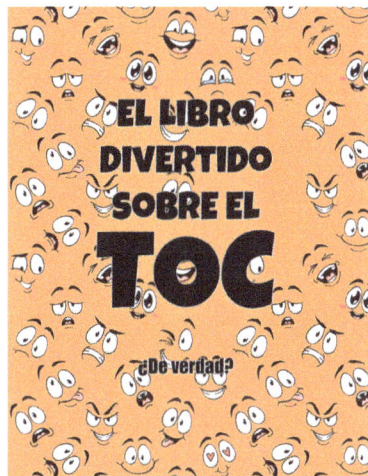

EL LIBRO DIVERTIDO SOBRE EL TOC
¿De verdad?

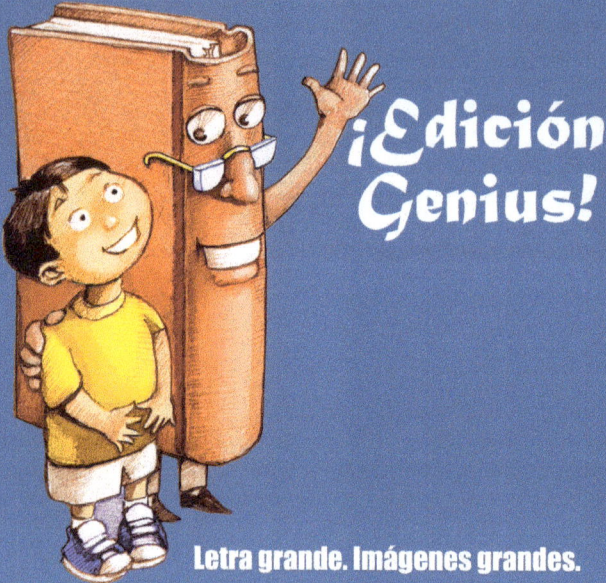

EL **MANUAL DEL DISLÉXICO**

¡Edición Genius!

Letra grande. Imágenes grandes.

¿Quién* compra libros para un niño con dislexia?

Dar un libro de autoayuda a un niño disléxico es como ofrecer un vaso de agua a alguien que se está ahogando.

Así que pide que alguien te lo lea para escucharlo y pensar sobre él – y mira los dibujos.

Este libro también está disponible en Audible como audiolibro. (Tendrás que imaginarte las fotos.)

www.cosworthpublishing.com

* Alguien que se preocupa.

Otros libros de *www.cosworthpublishing.com*

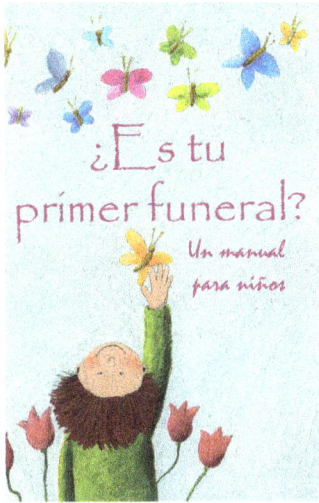

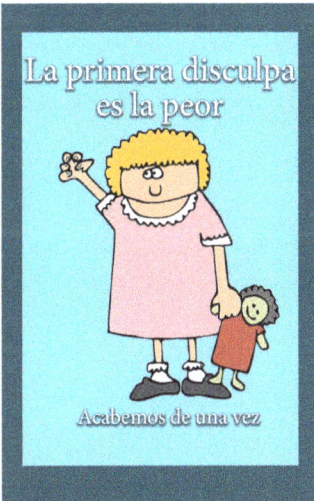

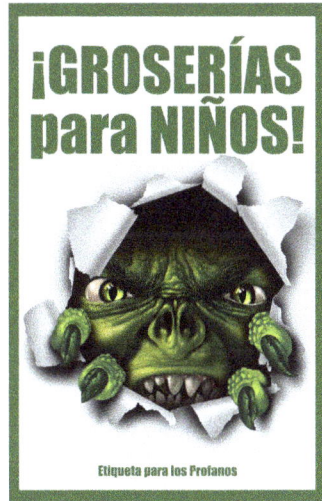

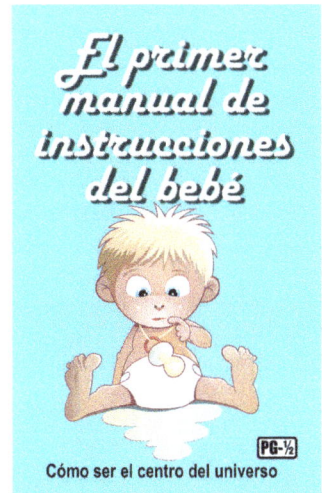

El primer manual de instrucciones del bebé

PG-½

Cómo ser el centro del universo

¿PRIMER HIJO?

Malas noticias. No hay salida. Por eso es imprescindible que lo hagas bien, tanto si eres el padre como el bebé.

Ser un bebé no es fácil, por lo que este útil manual es tu mejor oportunidad para envejecer con dignidad durante los primeros doce meses.

Información privilegiada sobre el popó, además de los vómitos y la lactancia materna.

Escrito con perspicacia por un antiguo bebé.

Mas libros de Jimmy Huston
www.cosworthpublishing.com

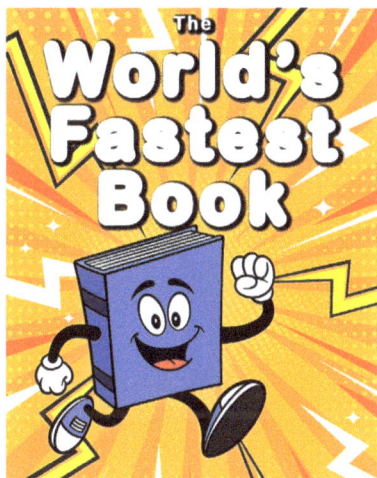

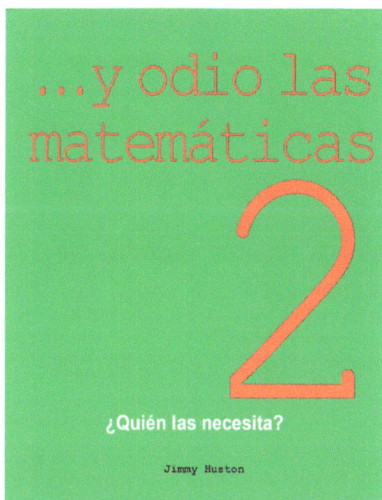

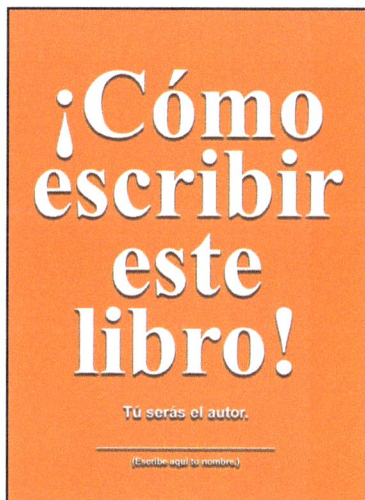

ENCUÉNTRALO ALLÁ DONDE ODIEN LOS LIBROS

Si estás leyendo esto, este libro no te va a gustar.

No es para ti.

Este libro es para las personas que no lo están leyendo.

A ellos tampoco les gustará, pero es corto.

Eso les gustará.

El libro
detesto leer

Jimmy Huston

"En realidad no leí este libro. Si lo hubiera leído me habría encantado — pero nunca lo haré."   Billy

"La palabra odio no alcanza. Detesto leer. Ni siquiera me gusta mirar los dibujos - que además no tiene."   Wally

"Esto no es lo que escribí sobre este estúpido libro."   Zane

"Este es un gran libro para la mesita, si tu mesita odia leer."
                                                          Solomon

"Este libro hizo llorar a mi profe."   David

"Mi hijo amó este libro. Dijo que estaba delicioso."
                                                          Sr. Jones

"ESTE LIBRO ES TAN ESTÚPIDO QUE HASTA YO PODRÍA HABERLO ESCRITO."   Jimmy

www.cosworthpublishing.com

Gracias por comprar, pedir prestado o haber robado este libro maravilloso.

En Cosworth Publishing lo apreciamos, y a cambio queremos ofrecerte uno de nuestros libros en formato digital completamente gratis—valen cada centavo.

Solo avísanos que lo quieres, y nos aseguraremos que lo recibas. Avísanos cuál ya has leído para no enviarte el mismo.

Envía un correo a *office@cosworthpublishing.com*.

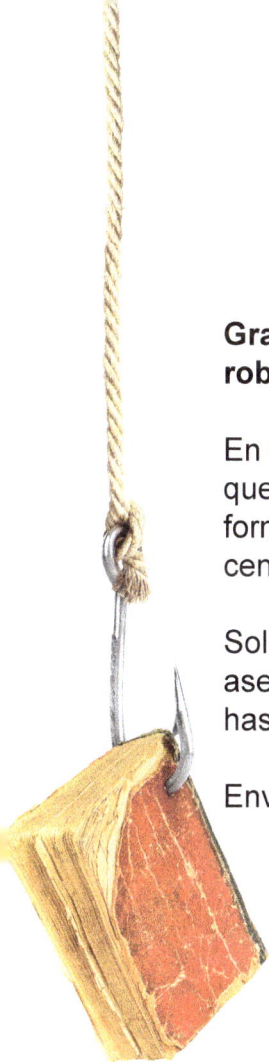

Entonces, de vez en cuando, te avisaremos por correo electrónico cuando tengamos un libro nuevo que te podría interesar.

No lo haremos muy seguido porque somos muy flojos, y no hacemos tantos libros nuevos.

www.ingramcontent.com/pod-product-compliance
Lightning Source LLC
Chambersburg PA
CBHW052121030426
42335CB00025B/3079